Léonce de Lavergne

Origines de l'économie politique

Quesnay et ses maximes

ISBN : 978-1546524090

10 9 8 7 6 5 4 3 2 1

Léonce de Lavergne

Origines de l'économie politique

Quesnay et ses maximes

Table de Matières

Origines de l'économie politique

Au moment où va s'achever, une enquête solennelle sur les causes qui retardent en France les progrès de l'agriculture et nous maintiennent, pour la production du sol, au-dessous de l'Angleterre, de la Hollande, de la Belgique, de l'Italie, de la plus grande partie de l'Allemagne, il peut être utile de remonter aux efforts qu'on a faits dans d'autres temps pour conjurer cette infériorité. La France est le pays d'où est partie la revendication la plus éclatante des intérêts agricoles, et cette généreuse tentative se confond avec la naissance de l'économie politique. Raconter l'histoire du docteur Quesnay, fondateur de l'école économique française, c'est raconter l'origine de la lutte engagée depuis un siècle contré les ennemis de l'agriculture nationale, lutte bienfaisante qui nous a valu des progrès marqués ; mais qui n'a encore porté qu'à moitié ses fruits.

François Quesnay était né à Méray, près Montfort-l'Amaury, dans le département actuel de Seine-et-Oise, le 4 juin 1694, la même année que Voltaire. Ses parents habitaient un petit domaine rural dont ils dirigeaient l'exploitation. Son enfance se passa au milieu des scènes et des travaux de la vie champêtre, il en conserva le goût toute sa vie. On dit qu'il avait appris à lire dans la vieille *Maison rustique* de Liébault. Il fit ses premières études presque sans maître, et commença par s'établir à Mantes pour y exercer la profession de chirurgien. Le maréchal de Noailles habitait pendant l'été un château dans le voisinage ; il eut occasion d'appeler le jeune Quesnay et fut frappé de la variété de ses connaissances. L'estime du maréchal le fit connaître, il se décida à venir à Paris. Là, plusieurs écrits spéciaux achevèrent de le mettre en lumière, car il se serait fait un nom dans la science médicale, si ses travaux d'économiste n'avaient eu encore plus d'éclat. Quand l'académie de chirurgie fut créée en 1731, il y entra en qualité de secrétaire perpétuel. Devenu premier médecin consultant du roi, Louis XV le prit en affection ; il le logea dans le palais de Versailles, l'appelait familièrement *son penseur*, et lui donna des lettres de noblesse avec des armes qu'il choisit lui-même, trois fleurs de pensée et cette devise : *propter cogitationem mentis*.

Là, au milieu de la cour, quand tout autre n'aurait songé qu'à tirer parti de cette bonne fortune, les idées de Quesnay se tournèrent vers les méditations économiques. La France ne se relevait qu'avec peine de l'état affreux où l'avait laissée Louis XIV. Pendant l'administration économe du cardinal de Fleury et de son contrôleur des finances Orry, que les courtisans avaient surnommé *le bœuf* à cause de son obstination au travail, un ordre relatif avait reparu dans l'administration ; après la mort du cardinal et la retraite d'Orry, les prodigalités et les désordres avaient recommencé. Sismondi a tracé dans son histoire un tableau fidèle de ce temps, qui n'est pas sans quelques rapports avec le nôtre : « La France, dit-il, présentait alors le contraste le plus étrange, le plus difficile à concevoir. La vraie nation, celle qui habitait les provinces, qui payait les impôts, qui recrutait les armées, était réduite à un état de souffrance, de pénurie, d'oppression, qu'elle n'avait jamais connu, même dans les siècles de la plus grande barbarie. La France au contraire que connaissaient les étrangers, celle qui se montrait à Paris, à Versailles et dans quelques grandes villes, était plus brillante, plus opulente, plus enjouée qu'aux plus beaux temps du règne de Louis XIV. Dans les campagnes, la taille, la gabelle, écrasaient l'agriculture. À Paris, d'immenses richesses circulaient parmi les fermiers-généraux et tous les financiers. Les courtisans, comblés des faveurs de la cour, y répandaient l'argent d'une main prodigue sur tous ceux qui servaient à leurs plaisirs. De très grandes fortunes s'étaient élevées dans la banque et le commerce ; les emprunts publics, les actions de la compagnie des Indes attiraient les capitaux de tous ceux qui voulaient s'assurer un revenu régulier sans prendre de souci. »

Ce contraste frappa vivement Quesnay. Les splendeurs qui s'étalaient sous ses yeux, au lieu de lui cacher la décadence de la population et la détresse de l'agriculture, ne firent qu'exciter sa sympathie pour le pauvre peuple des campagnes dont il était sorti. Il y a un degré de luxe légitime et même utile ; c'est l'emploi généreux des richesses bien acquises, la juste récompense du travail, l'embellissement de la vie honnête ; celui-là se limite de lui-même parce qu'il s'alimente à des sources pures, il polit les mœurs sans les corrompre et use de l'abondance sans la détruire. Le luxe sous Louis XV avait un tout autre caractère, il se nourrissait des abus publics et s'alliait à la corruption des mœurs. Ce faste de mauvais aloi avait cependant trouvé des apologistes, qui osaient le présenter comme favorable au développement de la richesse. Un ancien secrétaire de Law, Melon, avait soutenu dans son *Essai politique sur le Commerce* cette thèse dangereuse et tout le monde connaît la charmante pièce du *Mondain* de Voltaire, qui parut peu après le livre de Melon et sous l'influence de ses prestiges. C'est contre cette erreur séduisante que les économistes allaient principalement diriger leurs coups.

Âgé de près de soixante ans, Quesnay n'avait encore rien publié comme économiste ; il mûrissait en silence ses idées, avant de les mettre au jour. Il débuta par deux articles qui parurent dans l'*Encyclopédie* en 1756 et 1757, l'un au mot *fermiers*, l'autre au mot *grains*. C'est un tableau de l'agriculture française au milieu du XVIIIe siècle, qui n'a pas moins d'intérêt comme document historique que comme point de départ de la science nouvelle. Quesnay y évalues le produit total de son temps à 45 millions de setiers de blé, semence déduite, ce qui revient à 70 millions d'hectolitres, le setier de Paris, contenant 150 litres. Sous ce nom générique de blé, il comprend, avec le froment, tout ce qui sert à faire du pain, c'est-à-dire le méteil, le seigle et l'orge. Aujourd'hui la production de ces différents grains s'élève à 140 millions d'hectolitres, semence déduite ; elle a doublé depuis un siècle, et comme le seigle et l'orge formaient alors la moitié au moins du produit total, tandis qu'ils n'en font plus que le quart, le froment proprement dit doit avoir triplé. Quesnay compte à part l'avoine, dont il évalue le produit à 10 millions d'hectolitres, semence déduite ; ce qui est à peine le cinquième du produit actuel. Il porte le prix du froment à 15 livres 9 sols le setier ou 10 francs l'hectolitre, et le seigle à 12 livres le setier ou 8 francs l'hectolitre ; il estime l'avoine encore plus bas et la porte à 9 livres le double setier ou 3 francs l'hectolitre. À ce compte, la valeur totale ressort à 595 millions. Aujourd'hui, par suite de la triple augmentation survenue dans la quantité, la qualité, et le prix, la même valeur s'élève à 2 milliards. Les autres produits de l'agriculture, le bétail, le vin, l'huile, la soie, etc., valaient tout au plus le tiers des céréales ou 200 millions ; ils valent aujourd'hui 3 milliards. Dans l'ensemble, la production agricole doit avoir quadruplé en quantité et sextuplé en valeur.

Voici comment, selon Quesnay, se divisaient les 595 millions que rapportaient les céréales :

Frais de culture	415,000,000
Rente des propriétaires	76,000,000
Dîmes	50,000,000
Profits des fermiers	27,000,000
Taille	27,000,000

Il est fort difficile de comparer ces chiffres avec ceux d'aujourd'hui, parce que la culture des céréales ne forme qu'un tout avec les autres et peut difficilement en être séparée ; on ne peut comparer que les proportions. Les frais de culture, qui absorbent de nos jours la moitié seulement du produit brut, en prenaient, alors les quatre cinquièmes ; la rente du sol, qui arrive actuellement au tiers, ne dépassait pas de beaucoup le huitième ; il est vrai qu'en y ajoutant la dîme, qui représentait une part de propriété, elle s'élevait à prés du quart. Somme toute, la proportion des frais, a baissé, celle des rentes, des profits et des impôts a monté. C'est précisément ce que voulait Quesnay. Il voulait à la fois doubler la production et accroître la proportion du produit net. Il a tout prévu, même l'élévation des prix, qui est devenue plus tard le point fondamental de sa doctrine. Seulement, ce qu'il espérait obtenir en peu d'années a demandé un siècle, parce que ses idées n'ont reçu qu'une exécution partielle, intermittente et contestée.

Les progrès de l'agriculture n'exigent pas seulement des efforts de la part des agriculteurs, ils demandent encore et surtout un bon gouvernement. C'est ce qui avait amené Quesnay à réfléchir sur les causes générales de la richesse des nations. Le mot d'*économie politique* était connu ; beaucoup d'écrivains s'en servaient, soit en France, soit à l'étranger, mais la notion qu'il renfermait ne s'était pas encore nettement dégagée. On peut en juger par l'article *Économie politique* de l'*Encyclopédie*, qui parut avant ceux de Quesnay. Cet article était de Rousseau ; c'est un de ses plus médiocres écrits. Il ne contient guère que de la politique, et de la politique à la manière de Rousseau. Un aperçu des véritables questions économiques n'arrive qu'à la fin, quand il s'agit de l'impôt. On y trouve le germe de quelques-unes des idées qu'allait développer Quesnay. « Le commerce et l'industrie, disait Rousseau, attirent dans les capitales tout l'argent de la campagne, et l'impôt détruisant la proportion qui pouvait se trouver entre les besoins du laboureur et le prix de son blé, l'argent vient sans cesse et ne s'en retourne jamais ; plus la ville est riche, plus le pays est misérable. N'est-ce pas attaquer la subsistance de l'état jusque dans sa source ? N'est-ce pas travailler aussi directement que possible à dépeupler le pays et par conséquent à le ruiner, car il n'y a point pour une nation de pire disette que celle des hommes ? »

Pour présenter ses idées sous une forme synoptique, Quesnay imagina d'abord de dresser ce qu'il appela le *Tableau économique*. Une édition magnifique de ce tableau fut faite à la fin de 1758 dans le palais même de Versailles, sous les yeux et pour l'usage personnel du roi, qui en tira, dit-on, plusieurs épreuves de sa propre main. Cette édition, imprimée à un très petit nombre d'exemplaires, avait disparu peu d'années après. Elle n'a jamais été reproduite exactement, et nous ne connaissons, à vrai dire, le *Tableau économique* que par ce qu'en ont rapporté les disciples de Quesnay. Malheureusement, par un défaut qui a fait beaucoup de mal à l'école, ils lui ont donné des éloges si outrés qu'ils l'ont rendu presque ridicule. « Depuis le commencement du monde, écrivait quelques années après le marquis de Mirabeau, il y a eu trois découvertes qui ont donné aux sociétés politiques leur principale solidité. La première est l'invention de l'écriture, qui seule donne au genre humain la faculté de transmettre sans altération ses lois, ses conventions, ses annales et ses découvertes. La seconde est l'invention de la monnaie, ce lien commun qui unit toutes les nations civilisées. La troisième, qui est le résultat des deux autres, mais qui les complète puisqu'elle porta leur objet à sa perfection, est le *Tableau économique*, la grande découverte qui fait la gloire de nôtre siècle, et dont la postérité recueillera les fruits. »

Cette emphatique apologie peut avoir quelque vérité, si on l'applique au fond même de la doctrine, mais elle tombe à faux à propos du *Tableau économique*. Ce fameux résumé ne présenté qu'une formule aride, inanimée, à peine compréhensible, que les commentaires hérissés de chiffres de ses admirateurs n'ont fait qu'embrouiller encore. Toute nation y est divisée en trois classes : la classe *productive, qui est celle des cultivateurs, la classe propriétaire, qui comprend les propriétaires proprement dits, le souverain et les décimateurs, et la classe* stérile, *qui se compose des industriels et des commerçants. Ce nom de classe* stérile, *appliqué à des classes généralement considérées comme productives, vient de ce que Quesnay n'accorde le nom de* produits *qu'aux fruits obtenus annuellement par l'agriculture, il les appelle les seules richesses* renaissantes ; *les manufacturiers ne font que façonner les matières premières, et le commerce ne fait que les changer de lieu pour les rapprocher des consommateurs. Des colonnes réunies entre elles par des lignes ponctuées montrent dans quelles proportions les richesses produites par l'agriculture passent des cultivateurs à la classe* propriétaire *et à la classe* stérile, *et ce que la classe* productive *doit en conserver pour assurer la reproduction.*

Le tout a pour but de mettre en lumière cette vérité fort simple, que l'agriculture est la source de toutes les richesses, qu'elle fournit à la population entière ses subsistances, à l'industrie et au commerce ses matières premières, qu'elle a besoin pour prospérer de ce que Quesnay appelle des *avances* et que nous appelons aujourd'hui des capitaux, que tout ce qui permet aux cultivateurs de multiplier ces avances enrichit l'état, et que tout ce qui les diminue amène au contraire le dépérissement de la richesse et de la population. Au lieu d'éclaircir ces notions, le *Tableau économique* les obscurcit. On ne comprendrait pas pourquoi les disciples de Quesnay se sont obstinés pendant trente ans à reproduire leurs idées sous cette forme rebutante, si l'on ne savait que l'esprit humain aime les mystères et que l'obscurité sied aux oracles. Le sphinx économique se révélait par énigmes ; c'était une sorte d'initiation à la manière antique.

Outre son obscurité, le *Tableau économique* péchait surtout par cette qualification de classe *stérile* donnée aux industriels et aux commerçants. On comprend sans peine comment Quesnay, dans ses réflexions solitaires, avait été conduit à l'adopter. Par une série de monopoles, de prohibitions et de tarifs protecteurs, Colbert avait voulu servir les intérêts mal entendus du commerce et de l'industrie. Ce mot de *stérile*, faux en règle générale, avait alors beaucoup de vrai, parce qu'il s'appliquait à des industries privilégiées qui détruisaient beaucoup pour produire peu. La plupart des manufactures fondées par Colbert ne fournissaient que des objets de luxe, propres seulement à la consommation riche et fastueuse, tandis que l'industrie la plus naturelle et la plus féconde, celle qui nourrit les hommes, restait méprisée, opprimée et abandonnée. Quesnay avait voulu rétablir l'ordre vrai en replaçant l'agriculture au premier rang, mais l'expression avait mal servi sa pensée. Un orage s'éleva contre cette malheureuse épithète. Quesnay et ses disciples eurent beau l'atténuer en insistant sur le sens particulier qu'ils donnaient au mot, et qui dérivait de leur conception de la richesse ; l'impression première persista, tant il est vrai qu'il ne faut jamais se servir, dans l'intérêt des idées les plus justes, de termes détournés de leur sens usuel.

Quesnay comprit sans doute qu'il n'avait pas pris le meilleur moyen de se rendre populaire, puisqu'il supprima l'édition de son *Tableau*. Il chercha à présenter un résumé plus accessible de sa doctrine, et il y réussit dans un opuscule encore fort concis, mais beaucoup plus clair, qu'il intitula *Maximes générales du gouvernement économique d'un royaume agricole*. C'est là surtout qu'on peut l'étudier avec fruit. Remarquons d'abord ces mots : *gouvernement économique d'un royaume agricole*. Quesnay avait toujours pour but principal d'agir sur l'esprit du roi, en lui montrant que l'agriculture donnait seule des fondements solides à la puissance des états. Son *Tableau économique* portait cette épigraphe à l'adresse de Louis XV : *Pauvres paysans, pauvre royaume ; pauvre royaume, pauvre roi*. Voici maintenant ses maximes : elles sont au nombre de trente et affectent le ton bref et impératif des lois positives :

« 1. — Que l'autorité souveraine soit unique et supérieure à tous les individus de la société et à toutes les entreprises injustes des intérêts particuliers, car l'objet de la domination et de l'obéissance est la sûreté de tous et l'intérêt licite de tous. Le système des contre-forces dans un gouvernement est une opinion funeste qui ne laisse entrevoir que la discorde entre les grands et l'accablement des petits.

« 2. — Que la nation soit instruite des lois générales de l'ordre naturel qui constituent le gouvernement évidemment le plus parfait. L'étude de la jurisprudence humaine ne suffit pas pour former les hommes d'état ; il est nécessaire que ceux qui se destinent aux emplois de l'administration soient assujettis à l'étude de l'ordre naturel le plus avantageux aux hommes réunis en société. Il est encore nécessaire que les connaissances pratiques et lumineuses que la nation acquiert par l'expérience et la réflexion se réunissent à la science générale du gouvernement, afin que l'autorité souveraine, toujours éclairée par l'évidence, institué les meilleures lois et les fasse observer exactement pour la sûreté de tous. »

La première maxime a soulevé, avec raison les plus vives attaques. Quesnay s'y déclare pour le gouvernement d'un seul ; tous ses disciples ont soutenu plus ou moins la même thèse. M. de Tocqueville, dans *l'Ancien Régime et la Révolution*, relève sévèrement cette erreur et s'en fait une arme contre les économistes. En elle-même, on ne peut la défendre, mais on peut l'expliquer et l'excuser. Il ne faut pas oublier que nous sommes en 1760 : l'autorité royale est absolue et n'admet aucun tempérament. Demander une forme quelconque de liberté politique, c'est rêver l'impossible. Quesnay n'a sous les yeux que la turbulence aveugle et impuissante des parlements ; il connaît l'aversion profonde de Louis XV pour les états-généraux. Il ne peut espérer de réaliser ses idées que par le pouvoir absolu ; il invoque donc ce secours, et il n'a pas tout à fait tort, car s'il doit échouer devant l'inertie égoïste du roi régnant ; il recevra de son successeur un autre accueil. Même sous Louis XV, il ne perdra pas tout à fait son temps. Si le roi lui échappe, il gagnera plusieurs ministres, des conseillers d'état, des intendants, et une part de son esprit pénétrera dans l'administration.

Il faut d'ailleurs se rendre bien compte de ce qu'il entend par pouvoir absolu. Il repousse les ressorts compliqués des gouvernements mixtes, préconisés par son contemporain Montesquieu, en quoi il a tort assurément ; mais il ne veut pas que son autorité unique soit tout à fait sans contre-poids. Sa seconde maxime est le correctif de la première : *que la nation, dit-il, soit instruite des lois générales de l'ordre naturel qui constituent le gouvernement le plus parfait.* Son despote doit se renfermer dans l'exécution des lois naturelles, et s'il en sort, il doit rencontrer une résistance invincible, non dans des institutions spéciales, dans des assemblées ou des corporations qui supposent toujours des privilèges, mais dans la nation tout entière parfaitement instruite sur ses devoirs et sur ses droits. Il est certain qu'en effet, si les peuples étaient unanimes sur les conditions d'un bon gouvernement, l'appareil bruyant et tumultueux des luttes politiques deviendrait beaucoup moins nécessaire ; les mœurs suffiraient pour empêcher les abus ; mais comment obtenir cette unanimité ? Là est pour longtemps le côté chimérique. Un siècle s'est écoulé au milieu des révolutions, et on est encore bien loin de s'entendre. Les principes fondamentaux de toute société se dégagent lentement ; même en les supposant connus des hommes éclairés, ils ont beaucoup de peine à pénétrer dans les couches populaires. En attendant, tout pouvoir illimité, qu'il soit monarchique ou républicain, présente d'immenses dangers, car rien ne l'empêche d'enfreindre précisément ces lois essentielles dont Quesnay lui confie la garde, et Dieu sait si les gouvernements de ce genre y ont jamais manqué ! Pour dégager ce qu'il appelle l'*évidence*, Quesnay comptait sur la libre discussion, mais la libre discussion est impossible sous un pareil régime. Montesquieu avait eu le coup d'œil plus juste quand il écrivait : « Dans un gouvernement despotique, il est également pernicieux que les particuliers raisonnent bien ou mal ; il suffit qu'on raisonne pour que le principe du gouvernement soit choqué. »

Quesnay n'en avait pas moins raison au fond en subordonnant la question des formes politiques à une conception plus haute de l'ordre social, il ne se trompait que sur l'application. Les institutions politiques sont un moyen et non un but ; une nation sage n'en aurait pas besoin. Il est vrai que du même coup un pouvoir fort deviendrait encore plus inutile ; mais la théorie du pouvoir absolu n'est ici qu'un accident de circonstance ; elle tranche avec le reste de la doctrine. L'économie politique a bien su se débarrasser de cet alliage, et il n'est resté que la distinction entre les questions de l'ordre social et les questions de l'ordre politique, distinction féconde qui doit un jour mettre un terme aux vaines discussions sur la naturel des gouvernements en confondant tous les intérêts.

« 3. — Que le souverain et la nation ne perdent jamais de vue que la terre est l'unique, source des richesses et que c'est l'agriculture qui les multiplie, car l'augmentation des richesses assure celle de la population ; les hommes et les richesses font prospérer l'agriculture, étendent le commerce, animent l'industrie.

« 4. — Que la propriété des biens fonds et des richesses mobilières soit assurée à ceux qui en sont les possesseurs légitimes, car la sûreté de la propriété est le fondement essentiel de l'ordre économique de la société. C'est la sûreté de la possession permanente qui provoque le travail et l'emploi des richesses à l'amélioration et à la culture des terres et aux entreprises du commerce et de l'industrie. »

Voilà l'essence du système, et si l'école de Quesnay s'en était tenue aux termes de ces deux propositions, elle n'aurait pas rencontré tant de résistances. Le mot de classe *stérile* a disparu. Parmi les bienfaits de l'agriculture, Quesnay range au contraire l'impulsion donnée à l'industrie et au commerce par l'accroissement de la population. La solidarité de tous les travaux productifs se trouve ainsi clairement indiquée. Dans sa prédilection pour l'agriculture, Quesnay néglige de mentionner l'industrie *extractive*, qui a pour but d'exploiter les mines et carrières, mais ses disciples ont rempli cette lacune ; il y a d'ailleurs dans les idées de l'école cette différence entre l'industrie extractive et l'agriculture, que l'une se contente d'extraire des matériaux qu'elle ne *reproduit* pas, tandis, que l'autre reproduit à l'infini les substances végétales et animales livrées à la consommation.

La quatrième maxime contient à elle seule le résumé de toutes les sciences sociales. La sûreté de la propriété, qui entraîne celle de la personne, tel est le fondement de cet ordre naturel imposé par Dieu même aux sociétés humaines et revendiqué par Quesnay. Les lois positives, qu'elles soient civiles, politiques ou économiques, n'ont de valeur qu'autant qu'elles découlent de cette source supérieure, vérité qui doit être pour le monde moral ce qu'est la loi de la gravitation pour le monde physique, et qui monte de plus en plus à l'horizon comme le phare futur de l'humanité. Le premier qui l'ait vraiment formulée est Locke dans son *Essai sur le gouvernement civil*, inspiré par la révolution anglaise de 1688 ; elle a eu et elle a encore quelque peine à s'introduire en France. Montesquieu l'a entrevue, mais sans s'y arrêter ; on la retrouve plus ou moins dans presque tous les écrivains du XVIIIᵉ siècle, mais à l'état d'aspiration et de pressentiment. « Liberté et propriété, disait Voltaire à son retour d'Angleterre, c'est la devise des Anglais ; elle vaut bien Montjoye et Saint-Denis ! » De tous ces philosophes, Quesnay est le seul qui en ait fait le fond de sa doctrine et qui en ait tiré toutes les conséquences ; voilà sa gloire. C'est ce que ses disciples ont appelé la *physiocratie* ou le gouvernement des lois naturelles ; de là le nom de *physiocrates* qu'ils portent dans l'histoire des idées économiques.

« 5. — Que l'impôt ne soit pas destructif ou disproportionné à la masse du revenu de la nation, que son augmentation suive l'augmentation des revenus ; qu'il soit établi immédiatement sur le produit net des biens fonds et non sûr le salaire des hommes ni sur les denrées, où il multiplierait les frais de perception, préjudicierait au commerce et détruirait annuellement une partie des richesses de la nation. »

La première partie de cette maxime exprime une vérité incontestable que tous les gouvernements sans contrôle négligent beaucoup trop ; la seconde n'est rien moins que la théorie de l'impôt unique et direct, à l'exclusion des impôts indirects sur les consommations. Ce qui paraît étrange et inexplicable au premier abord, Quesnay, si partisan de l'agriculture, propose d'asseoir cet impôt unique sur le sol. Pour bien comprendre la série de ses idées, il faut remonter à l'origine. D'après lui, l'agriculture donne seule un produit *net* en sus des frais de production, ce qui est vrai dans le sens étroit qu'il donne au mot *produit*, mais ce qui est faux quand on lui donne un sens plus général et plus vrai. Sur cette base problématique, il élève tout son édifice. Pour que l'impôt soit légitime, il faut qu'il soit assis sur le *revenu* ; or il n'y a de *revenu*, c'est-à-dire de *reproduction*, que dans le sol : c'est donc sur le produit *net* du sol que doit peser l'impôt. Cette théorie fait peser tout le fardeau des charges publiques sur une seule catégorie de contribuables, les propriétaires fonciers ; mais elle a en même temps de sérieux avantages en ce qu'elle assigne à l'impôt une limite qu'il ne peut dépasser, et en ce qu'elle économise les frais de perception. Son principal défaut est dans son caractère absolu et systématique.

Quesnay évaluait au tiers du produit net des terres la somme nécessaire aux dépenses de l'état, les deux autres tiers restant à partager entre les propriétaires, les fermiers et les décimateurs ; mais il ne fut pas difficile de prouver que cette proportion ne suffisait pas. Le revenu des terres absorbé tout entier laissait encore un déficit. À quoi il répondait, que le revenu net ne manquerait pas de monter avec son système, soit par l'augmentation des produits, soit par l'élévation des prix ruraux, et que les dépenses de l'état diminueraient en même temps, soit par l'économie des frais de perception, soit par la baisse des prix sur tous les objets qui n'auraient plus à supporter les contributions indirectes ; c'est ce qu'il appelait le *repompement*. Cette thèse contenait sans doute beaucoup de vrai, mais elle était pleine de doutes et d'obscurités ; elle ouvrait la voie à des discussions interminables. D'une part, le gouvernement eut peur de réduire son revenu ; de l'autre, les propriétaires fonciers craignirent de voir augmenter démesurément leurs charges ; les financiers, menacés dans leurs intérêts, crièrent à l'utopie, et le système fut jugé.

L'issue du débat eût pu être différente, si Quesnay, au lieu de s'obstiner dans son impôt unique exclusivement assis sur le sol, s'était borné à soutenir l'impôt direct contre l'impôt indirect. C'était au fond sa véritable pensée, mais pour admettre d'autres formes d'impôt direct il aurait fallu reconnaître d'autres *produits* et d'autres *revenus* que ceux du sol, ce qui répugnait à son esprit rigoureux et inflexible ; il ne voulait même pas de l'impôt sur les maisons, par cette raison théorique que les maisons s'usent et ne se *reproduisent* pas comme les fruits de la culture. Ainsi périt par l'excès une idée juste en elle-même. On dit pour défendre les impôts indirects, que les peuples les paient en quelque sorte sans le savoir ; mais cette raison, qui n'est pas sans réponse même aujourd'hui, était inadmissible du temps de Quesnay. L'art de percevoir les impôts indirects en les dissimulant était tout à fait inconnu. La gabelle entre autres réalisait dans la perception ce qu'on peut imaginer de plus barbare, et les haines qui couvaient dans le peuple contre le gouvernement provenaient surtout de ces exactions. On n'évaluait pas les frais de perception, à moins de 50 pour 100, Quesnay va même jusqu'à dire que sous Louis XIV ces frais avaient absorbé les deux tiers de la recette.

En portant le produit total des contributions, au milieu du XVIIIᵉ siècle, à 500 millions de livres, dont 300 millions seulement entraient au trésor-royal, la suppression des impôts indirects aurait permis de réduire les charges publiques de 200 millions. L'opération eût donc été excellente pour les contribuables, et en la payant d'un surcroît d'impôt foncier les propriétaires n'y auraient pas perdu, surtout si la noblesse et le clergé avaient renoncé à leurs privilèges, comme le demandait implicitement Quesnay. Les contrôleurs-généraux des finances ne la repoussaient pas absolument. Quelques années avant la publication des *maximes économiques*, M. de

Machault avait entrepris de nombreuses réformes dans ce sens, et le contrôleur-général d'alors, M. de Silhouette, songeait à soumettre toutes les fortunes, sans exception de corps ni de privilèges, à ce qu'il appelait une *subvention générales* qui devait atteindre à la fois les revenus des biens fonds et ceux des richesses pécuniaires ; mais ces projets, tenus en échec par la résistance du parlement, avaient dû être ajournés, à cause de la guerre, qui absorbait tous les ans 150 millions en sus des revenus.

« 6. — Que les avances des cultivateurs soient suffisantes pour faire renaître annuellement par les dépenses de la culture des terres le plus grand produit possible : car, si les avances ne sont pas suffisantes, les dépenses de la culture sont moins grandes à proportion et donnent moins de produit net. »

Cette maxime paraît, tout d'abord en contradiction avec la précédente. N'est-ce pas tarir à leur source les avances agricoles que de faire supporter par l'agriculture tout le poids de l'impôt ? Quesnay répondait que l'impôt, sous quelque forme qu'il fût perçu, finissait toujours par retomber sur le sol, et que le seul moyen d'alléger le fardeau était de réduire la somme totale, ce qui avait le malheur d'exiger une démonstration difficile. Loin de réduire les avances des cultivateurs et le produit net des propriétaires, il voulait avec passion les accroître. On croyait généralement avant lui que la nature fait à elle seule presque tous les frais de la production agricole ; il a réfuté énergiquement cette erreur, et le temps n'a rien ajouté à son analyse des différents capitaux qui concourent à la production. Ces capitaux, disait-il, sont au nombre de trois : les *avances foncières*, qui sont faites par les propriétaires et qui consistent en bâtiments, chemins, clôtures, plantations, défrichements, etc. les *avances primitives* de l'exploitation, qui sont faites par les cultivateurs et qui, consistent en bestiaux, machines, etc. ; les *avances annuelles*, également faites par les cultivateurs, et qui consistent, en semences, labours, engrais, salaires, etc. Le cultivateur doit en premier lieu prélever sur les récoltes la somme nécessaire pour se rembourser de ses avances annuelles et pour entretenir ses avances primitives, avec la juste rémunération de son travail et la juste compensation de ses risques ; c'est ce qu'il appelle les *reprises* du cultivateur. Plus ces *reprises* sont assurées, plus la production s'accroît.

Mais si l'agriculture ne produisait pas davantage, la société ne pourrait se composer que de la classe agricole ; il faut encore pourvoir aux besoins du reste de la population, c'est-à-dire des hommes élevés à l'industrie, au commerce, aux professions libérales. C'est à quoi sert cet excédant de production qui dépasse les reprises du cultivateur, et qu'on appelle le *produit net*. Là, est le véritable bénéfice de la société. Le produit net appartient aux propriétaires comme rémunération de leurs avances foncières ; s'il en revient une part à l'état, ou, ainsi qu'on disait alors, au roi, c'est parce que l'état contribue lui-même au produit par une quatrième série d'avances, — travaux publics et frais de justice, d'administration et de sécurité. Plus le produit net s'élève, plus la communauté prospère ; d'abord parce que la quantité des produits disponibles s'accroît, et ensuite parce que l'augmentation du produit net permet de multiplier les avances foncières, soit de la part des propriétaires, soit de la part de l'état. Voilà pourquoi Quesnay et son école ont toujours en vue le produit net du sol et le considèrent comme la mesure de la richesse d'un pays. L'expérience universelle leur a donné raison malgré l'opposition qu'ils ont rencontrée et qu'ils rencontrent encore. Les pays les plus riches de l'Europe sont ceux où le produit net agricole monte le plus haut ; ce qui se traduit par l'élévation de la valeur vénale du sol. En France même, nous avons tel département où la terre vaut en moyenne 3,000 francs l'hectare et tel autre où elle vaut 300 francs. Le premier est dix fois plus riche que le second, et, pour emprunter un dernier exemple à l'histoire de notre économie rurale, la rente des terres était descendue sous Louis XIV, et s'est relevée depuis Quesnay dans la même proportion que la richesse générales.

« 7. — Que la totalité des sommes du revenu rentre dans la circulation annuelle et la parcoure dans toute son étendue ; qu'il ne se forme point de fortunes pécuniaires qui arrêteraient la distribution du revenu annuel de la nation et retiendraient le pécule du royaume au préjudice des avances de la culture et du salaire des artisans.

« 8. — Que le gouvernement ne s'occupe qu'à favoriser les dépenses productives, et le commerce des denrées du cru, et qu'il laisse aller d'elles-mêmes les dépenses stériles.

« 9. — Qu'une nation qui a un grand territoire à cultiver et la facilité d'exercer un grand commerce des denrées du cru n'étende pas trop l'emploi de l'argent et des hommes aux manufactures et au commerce de luxe, au préjudice des travaux et des dépenses de l'agriculture, car, préférablement à tout, le royaume doit être peuplé de riches cultivateurs. »

La septième maxime reproduit la pensée première du *Tableau économique* et participe de son obscurité ; c'est une théorie de la circulation qui trouvera mieux sa place plus bas. Les deux autres ne font que répéter la théorie de Quesnay sur la prééminence de l'agriculture. On y retrouve l'épithète de *stérile*, qui, appliquée cette fois aux dépenses improductives, est parfaitement justifiée.

« 10. — Qu'une partie de la somme des revenus ne passe pas à l'étranger, sans retour en argent ou en marchandises.

« 11. — Qu'on évite la désertion des habitants qui emporteraient leurs richesses loin du pays. »

La première de ces deux maximes s'applique probablement aux tributs qu'on payait alors à la cour de Rome sous la dénomination d'*annates* ; on appelait ainsi le prélèvement d'une année de revenu sur les bénéfices dont le pape donnait l'investiture. La seconde, contient une allusion à la révocation de l'édit de Nantes et aux persécutions religieuses qui chassaient de France un grand nombre d'hommes riches et industrieux.

« 12. — Que les enfants des riches fermiers s'établissent dans les campagnes pour y perpétuer les laboureurs, car si quelques vexations leur font abandonner les campagnes et les déterminent à se retirer dans les villes ils y portent les richesses de leurs pères qui étaient employées à la culture ; ce sont moins les hommes que les richesses qu'il faut attirer dans les campagnes

« 13. — Que chacun soit libre de cultiver dans son champ telles productions que son intérêt, ses facultés, la nature du terrain, lui suggèrent pour obtenir le plus grand produit possible

« 14. — Qu'on favorise la multiplication des bestiaux, car ce sont eux qui fournissent aux terres les engrais qui procurent les riches moissons.

« 15. — Que les terres employées à la culture des grains soient réunies, autant qu'il est possible, en grandes fermes exploitées par de riches laboureurs, car il y a moins de dépenses pour l'entretien et la réparation des bâtiments, et à proportion beaucoup moins de frais et beaucoup plus de produit net dans les grandes entreprise d'agriculture que dans les petites. »

Quesnay veut éviter que les fils des riches fermiers quittent les champs pour s'établir à la ville ; mais, quel que soit le style impérieux dont il se sert, il est bien loin de provoquer envers eux la moindre contrainte, il demande seulement qu'on les mette à l'abri des vexations qui pourraient leur rendre pénible leur séjour naturel. Il veut parler de la taille et de la milice. La taille entraînait, quand elle était *personnelle*, c'est-à-dire perçue sur les facultés présumées du contribuable, une série d'inquisitions et d'injustices qui devenaient insupportables pour tout paysan un peu aisé. Le tirage à la milice, aujourd'hui supporté sans murmure parce qu'il porte sur tout le monde, était accompagné d'inégalités et de privilèges qui le rendaient odieux ; on y échappait en se réfugiant dans les villes. Cette maxime se termine par renonciation d'une vérité, trop méconnue même de nos jours : *ce sont moins les hommes que les richesses qu'il faut attirer dans les campagnes*. Le mot *attirer* n'est pas complètement exact, c'est *retenir* qu'il faudrait dire, car il n'y a rien à faire pour attirer la richesse, il suffit de ne pas l'enlever à mesure qu'elle se forme. Le gouvernement, effrayé de l'état des campagnes, s'efforçait d'y refouler la population laborieuse sans s'apercevoir qu'il était lui-même la principale cause du mal. Les richesses fuyaient les campagnes, et les hommes suivaient les richesses ; on voit que les griefs dont se plaint aujourd'hui l'agriculture remontent bien haut. De notre temps, les causes principales qui détournaient les fils des riches cultivateurs de la vie rurale ont disparu ; mais il s'en est formé d'autres, et elles trouvent un puissant appui dans le souvenir des anciennes servitudes rurales. C'est par là que les mœurs françaises se distinguent malheureusement des mœurs anglaises et allemandes.

Vient ensuite un principe qui est aujourd'hui tout à fait gagné, la liberté de la culture. On était loin d'admettre alors que les cultivateurs dussent être libres de varier à leur gré leurs produits : sous le prétexte spécieux d'assurer la subsistance publique, l'autorité, intervenait à tout instant pour ordonner ou interdire telle ou telle culture. Il était défendu par exemple de planter des vignes sans autorisation, et le dernier édit qui renouvelait cette prohibition était de 1747, dix ans seulement avant les premiers écrits de Quesnay. Après les réclamations des économistes, il n'y eut plus de nouveaux édits contre la liberté des cultures ; mais les anciens ne furent, pas révoqués, et les intendants conservèrent le droit arbitraire de les exécuter. Les édits de Turgot posèrent le principe de la liberté, mais sans réussir encore à le faire accepter sans réserve ; il n'a été définitivement assuré que par la loi de 1791 *sur les biens et usages ruraux*, rédigée par un économiste-agriculteur de l'école de Quesnay, Heurtault de Lamerville. Le second article de cette loi reproduit presque mot à mot la maxime du maître : « les propriétaires sont libres de varier à leur gré la culture et l'exploitation de leurs terres, de conserver à leur gré leurs récoltes, et de disposer de toutes les productions de leur propriété. » La loi tout entière n'est que l'application de ce principe, un de ceux qui ont le plus contribué au développement agricole. La vigne entre autres est devenue une de nos premières richesses, et l'extension qu'elle a prise n'a nullement nui, comme on le craignait, à la production des céréales.

La maxime suivante contient encore aujourd'hui le dernier mot de la science agricole : la nécessité des engrais pour la multiplication des récoltes et par conséquent l'utilité suprême de la production du bétail. Tous les agronomes du temps répétaient déjà la même formule. Voici ce que disait Le Roy, lieutenant des chasses du parc de Versailles, dans l'article *ferme* de l'*Encyclopédie* : « J'ai sous les yeux une ferme de plus de 300 arpents (150 hectares) ; ces terres étaient entre les mains d'un fermier qui les fumait très mal ; elles ne rapportaient que 3 à 4 setiers de blé par arpent dans les bonnes années (de 9 à 12 hectolitres à l'hectare). Il s'est ruiné, et on a été contraint de remettre la terre à un cultivateur plus industrieux. Tout a changé de face ; la dépense n'a pas été épargnée, les terres ont été couvertes de troupeaux et de fumier, en deux ans elles ont été améliorées au point de rapporter 10 setiers de blé par arpent (30 hectolitres par hectare), et d'en faire espérer encore plus par la suite. »

Quesnay se prononce enfin pour la grande culture, comme rapportant toujours plus de produit net. Cette thèse exclusive deviendrait aujourd'hui matière à contestation, et si Quesnay lui-même renaissait, il modifierait sans doute ce que l'expression de sa pensée avait de trop absolu. L'expérience démontre en effet que la petite culture peut rapporter dans certains cas non-seulement plus de produit brut, mais autant et plus de produit net que la grande. Ce qui est vrai., c'est que du temps de Quesnay la grande culture existait à peine ; lui-même l'avait constaté dans ses articles de l'*Encyclopédie*. Le progrès ne pouvait s'introduire que par des exploitations plus riches et plus étendues, où de meilleures méthodes servies, par de plus forts capitaux donneraient l'exemple de plus grands profits. Dans l'état d'ignorance et de pauvreté où elle avait été maintenue, la population rurale ne pouvait pas se relever. On doit d'ailleurs remarquer qu'il ne s'agit ici que des *terres employées à la culture des grains*, et c'est en effet pour la production des céréales que la grande culture procure les résultats les plus avantageux !

« 16. — Que l'on n'empêche point le commerce extérieur des denrées du cru, car tel est le débit, telle est la reproduction.

« 17. — Que l'on facilite les débouchés et les transports des productions et des marchandises de main-d'œuvre par la réparation des chemins et par la navigation des canaux, des rivières et de la mer, car plus on épargne sur les frais du commerce, plus on accroît le revenu du territoire. »

L'exportation des blés avait été autrefois libre en France, et du temps de Henri IV nous vendions du blé à nos voisins. Depuis Colbert, cette exportation était interdite. C'est un des plus grands bienfaits de l'école économique d'avoir combattu cette funeste mesure. Telle est la puissance des préjugés qu'il n'a pas fallu moins de deux cents ans pour la détruire. L'édit de prohibition date de 1660, et la liberté d'exportation n'est devenue complète que par la loi de 1861. Quesnay avait pourtant dit, il y a un siècle, ce qui aurait dû la protéger : *tel est le débit, telle est la reproduction*, ou en d'autres termes : plus on vend de céréales, plus on en produit. La liberté d'importation étant alors entière et même favorisée par le gouvernement, Quesnay n'a pas eu à s'occuper de cette seconde partie de la question.

On peut aujourd'hui trouver banale la maxime suivante. Tout le monde comprend qu'il y a un immense intérêt public à faciliter les transports à l'intérieur, mais il n'en était pas tout à fait de même alors. Henri IV et Sully, dont l'école économique a souvent invoqué l'exemple, avaient travaillé de leur mieux aux voies de communication ; cette tradition s'était perdue sous Louis XIV et à l'exception du canal des deux mers, œuvre de génie d'un seul homme, on n'avait bien fait sous ce règne pour ouvrir aux transports des voies nouvelles ou pour réparer les anciennes ; Les écrits de Quesnay et de ses amis rappelèrent l'attention sur cet important sujet, et l'école eut l'honneur de compter dans ses rangs Trudaine, l'illustre fondateur des ponts et chaussées.

« 18. — Qu'on ne fasse point baisser le prix des denrées et des marchandises dans le royaume, car le commerce réciproque avec l'étranger deviendrait avantageux à la nation ; telle est la valeur vénale, tel est le revenu ; abondance et non-valeur n'est pas richesse, disette et cherté est mise en abondance et cherté est opulence.

« 19. — Qu'on ne croie pas que le bon marché des denrées est profitable au menu peuple ; car le bas prix des denrées fait baisser le salaire des gens du peuple, diminue leur aisance, leur procure moins de travail et d'occupations lucratives, et anéantit le revenu de la nation.

« 20. — Qu'on ne diminue pas l'aisance des dernières classes de citoyens, car elle ne pourraient pas contribuer à la consommation des denrées. »

À la suite de la dépopulation qui avait marqué les dernières années de Louis XIV, les denrées alimentaires avaient baissé ; le prix du blé, qui avait été en moyenne de 20 fr. l'hectolitre de notre monnaie pendant les trois quarts du XVIIe siècle, était tombé de moitié. Le gouvernement, érigeant en principe ce qui n'était qu'un accident, triste résultat de nos longs désastres, cherchait par tous les moyens à empêcher les prix de se relever, afin, disait-on, de rendre plus facile la subsistance du peuple, sans songer que ce bon marché même arrêtait les progrès de l'agriculture et par conséquent ceux de la population. Quesnay s'élevait contre cette erreur en revendiquant ce que lui et son école appelaient *le bon prix*, c'est-à-dire le prix naturel, tel qu'il devait résulter du rapport de la production à la consommation, sans aucune pression de la part du gouvernement, et il pensait avec raison que, livré à lui-même, le prix se relèverait. C'est en effet ce qui arriva. Le prix du blé remonta graduellement pendant la seconde moitié du siècle, et en 1789 il était revenu à 16 ou 18 francs. Cette hausse coïncida, comme l'avait annoncé Quesnay, avec les progrès de l'agriculture, de l'aisance publique et de la population.

Il y a en effet deux sortes de bon marché, celui qui résulte d'un surcroît de production et celui qui a pour cause un déficit de consommation. Le premier est avantageux, le second regrettable. Le plus dangereux des deux extrêmes n'est pas l'excès de cherté, parce qu'il se détruit de lui-même en excitant à produire, tandis que l'excès de bon marché ne peut se guérir que par un surcroît de consommation, plus lent à obtenir qu'un surcroît de production. On peut avoir la preuve de cette vérité en comparant entre eux les pays qui nous entourent. Quels sont ceux où le blé est le plus cher ? L'Angleterre, la Belgique, la Hollande, une partie de l'Allemagne, c'est-à-dire les plus riches de l'Europe. Quels sont ceux où le blé est le meilleur marché ? La Russie, la Hongrie, l'Espagne, c'est-à-dire les plus pauvres, et, nouvel argument en faveur des idées de Quesnay, le mal des pays riches se corrige plus facilement que celui des pays pauvres, les uns continuent à se peupler et à s'enrichir plus vite que les autres. Ceci ne veut pas dire qu'il soit bon de faire monter artificiellement les prix, car *disette et cherté est misère*, mais il ne faut pas non plus les faire baisser, car *abondance et non-valeur n'est pas richesse* ; la meilleure condition est celle des pays où, la production étant considérable, la consommation demande encore plus, car *abondance et cherté est opulence.*

On peut sans doute prévoir un quatrième cas plus heureux encore, celui d'une grande consommation coïncidant avec une production à bon marché. Quesnay parlait de ce qu'il avait sous les yeux, une population rare et pauvre, ayant à peine de quoi payer sa subsistance, et des céréales tombées à vil prix faute de débouchés ; il n'a pu songer à un état tout différent, où la population serait riche et pressée. et où les subsistances coûteraient peu à produire, Cet idéal ne s'est encore présenté nulle part, pas même en Amérique, où des terres vierges et fertiles d'une étendue en quelque sorte indéfinie donnent des produits à bon compte tant que le débouché ne s'accroît pas, mais où le prix monte, comme partout, avec la population et le débouché. Quesnay lui-même l'a constaté : cette production surabondante qui causait de son temps les bas prix

26

s'élevait en tout au quart de ce qu'elle est aujourd'hui ; le prix moyen a doublé dans l'intervalle, quoique la production ait quadruplé. Si nous devons un jour avoir à la fois abondance et bon marché avec une population croissante, ce sera un grand bienfait de la Providence, mais : qui ne s'est pas encore vu.

La dix-neuvième maxime réfute cette opinion, que le bon marché des denrées profite *dans tous les cas* à la population laborieuse. Le bon marché est le premier des biens quand il est obtenu par la réduction des prix de revient ; mais, lorsque le producteur ne gagne pas, l'avilissement du prix comprime la production et par conséquent réduit le travail. Cette préoccupation fort légitime se montre surtout dans la maxime suivante, où Quesnay s'élève contre cette odieuse thèse, fort répandue de son temps, qu'il *faut que le paysan soit pauvre pour l'empêcher d'être paresseux et insolent*, prétexte barbare de toutes les exactions et de toutes les tyrannies.

« 21. — Que les propriétaires et ceux qui exercent des professions lucratives ne se livrent pas à des épargnes stériles qui retrancheraient de la circulation et de la distribution une partie de leurs revenus.

« 22. — Qu'on ne provoque point le luxe de décoration au préjudice des dépenses d'exploitation et d'amélioration de l'agriculture et des dépenses de consommation de subsistance, qui entretiennent le bon prix et le débit des denrées du cru et la reproduction des revenus de la nation. »

Ici se présente d'abord une distinction fort juste entre les épargnés *productives* et les épargnes *stériles* ; les unes sont la source des capitaux, les autres ne sont que thésaurisation et enfouissement, car l'avarice est improductive. Après avoir ainsi marqué le véritable caractère de l'épargne, Quesnay condamne l'excès opposé, qu'il appelle le *luxe de décoration*. C'est une question encore controversée que celle du luxe, parce qu'on ne s'est pas mis d'accord sur le sens du mot ; mais ce qu'en dit Quesnay ne saurait faire aucun doute. *Qu'on ne provoque point le luxe de décoration aux dépens de l'agriculture*, tels sont les termes qui trouvaient de son temps une exacte application. Tout le produit des impôts affluait dans la capitale, tant par les dépenses du trésor royal que par celles des financiers enrichis, et il n'en revenait rien au pauvre peuple qui les avait payés. S'il est difficile et même impossible de tracer une ligne précise de démarcation entre les dépenses de luxe et les dépenses légitimes, il ne l'est pas de distinguer entre la bonne et la mauvaise distribution des recettes publiques. Si les impôts somptuaires sont inutiles et même injustes, les impôts au profit du luxe sont plus injustes et plus nuisibles encore. Après avoir réprouvé le mauvais emploi des deniers publics, Quesnay et ses disciples prêchaient, dans l'administration des fortunes privées, la préférence donnée aux dépenses productives sur les dépenses de simple jouissance, et dans la mesure d'un simple conseil ils avaient raison. Quand même ils auraient été trop loin dans cette voie, on devrait le leur pardonner, car les institutions et les mœurs poussaient fortement en sens contraire.

« 23 — Que la dation ne souffre, pas de perte dans son commerce réciproque avec l'étranger, quand même ce commerce serait profitable aux commerçants ; car alors l'accroissement des fortunes des commerçants ferait dans la circulation des revenus un retranchement préjudiciable à la distribution et à la reproduction.

« 24. — Qu'on ne soit pas trompé par un avantage apparent du commerce réciproque avec l'étranger en jugeait simplement par la balance des sommes en argent, sans examiner le plus ou le moins de profit qui résulte des marchandises que l'on a vendues et de celles que l'on a achetées, car souvent la perte est pour la nation qui reçoit un surplus en argent.

« 25. — Qu'on maintienne l'entière liberté du commerce, car la police du commerce intérieur et extérieur la plus sûre, la plus exacte, la plus profitable à la nation et à l'état consiste dans la pleine liberté de la concurrence. »

Entière liberté du commerce, tel est le principe qui allait devenir de la part de Quesnay et de ses amis, l'objet d'une prédication ardente et continue ; tel est le cri qui, parti de France et malheureusement étouffé par nos révolutions, a fini par nous revenir d'Angleterre, et que nous voyons en train de faire le tour du monde. Quesnay n'est pas précisément le premier qui ait professé cette doctrine. Il suffit de citer dès le XVIᵉ siècle Bodin, et dans les dernières années de Louis XIV Fénelon et Boisguilbert. « Surtout, disait à Télémaque le sage Narbal, n'entrepreniez jamais de gêner le commerce pour le soumettre à vos vues. Il faut que le prince ne s'en mêle point de peur de le gêner. Le commerce est comme certaines sources : si vous voulez détourner leur cours, vous les faites tarir. » La même idée se reproduit dans la description, de Salente. « Le commerce de cette place était semblable au flux et au reflux de la mer ; les trésors y entraient comme les flots viennent l'un sur l'autre. Tout y était apporté et tout en sortait librement. Tout ce qui entrait était utile, tout ce qui sortait laissait en sortant d'autres richesses à la place. », Après Fénelon et Boisguilbert, Vincent de Gournay, qui remplissait les hautes fonctions d'intendant-général du commerce, avait appris par la pratique des affaires à conclure comme eux, et c'est de lui qu'est, dit-on, la fameuse formule *laissez faire, laissez passer* ; mais, si une idée appartient surtout à celui qui a le plus fait pour son triomphe, c'est à Quesnay qu'en revient l'honneur.

La première application de la liberté du commerce devait être l'abandon de ce qu'on a appelé le *système mercantile*. D'après ce système, les métaux précieux forment la véritable richesse d'un peuple ; il fallait donc, croyait-on vendre à l'étranger le plus de marchandises possible, lui en acheter le moins possible et attirer à soin la différence en monnaie métallique ; c'est ce qu'on appelait mettre de son côté la *balance du commerce*. Quesnay montre en peu de mois que le véritable gain consiste non dans le solde en argent, mais dans le prix des marchandises, et qu'une nation qui achète cher et qui vend bon marché pour se procurer des métaux précieux perd en réalité, quoiqu'elle paraisse gagner. Ce profond aperçu mérite d'autant plus d'attention qu'il ne l'applique pas seulement à l'ancienne théorie de la balance du commerce. Cette vieille illusion n'a plus de partisans, mais on la remplace trop souvent par une préoccupation trop exclusive du commerce extérieur, qui n'est pas sans quelque rapport avec le système mercantile. Quesnay ne tombe pas dans cette faute ; il distingue les cas où le commerce extérieur est profitable et ceux où il ne l'est pas ; tout dépend des prix. M. Stuart Mill, dans ses *Principes d'économie politique*, a renouvelé de nos jours cette démonstration en traitant des valeurs internationales.

Lorsque Quesnay s'écrie : que « la nation ne souffre pas de perte dans son commerce réciproque avec l'étranger, quand même ce commerce serait profitable aux commerçants, » il a en vue les monopoles, les privilèges, les primes, tous les moyens imaginés pour accroître telle ou telle branche de commerce aux dépens des autres. De ce qu'un commerçant privilégié fait des bénéfices, il ne s'ensuit nullement que ces bénéfices profitent à son pays ; ils peuvent au contraire lui coûter fort cher. Il n'y a de profits réels que ceux qui s'obtiennent avec la libre concurrence.

« 26. — Qu'on soit moins attentif à l'augmentation de la population qu'à l'accroissement des revenus, car plus d'aisance que procurent de grands revenus est préférable à plus de besoins pressants de subsistances, qu'exige une population qui dépasse les revenus. »

Quesnay pose ici dans ses véritables termes le problème de la population. Pour remplir les vides qu'avaient faits dans la nation de longues souffrances, le gouvernement cherchait à encourager les mariages et les naissances, sans songer qu'il ne travaillait qu'à augmenter la misère publique, tant que les subsistances ne se multipliaient pas. Voulez-vous accroître la population, commencez par augmenter la somme des subsistances. Toute la doctrine de Malthus est d'avance contenue dans cette maxime et en des termes moins susceptibles de mauvaise interprétation.

« 27. — Que le gouvernement soit moins occupé du soin d'épargner que des opérations nécessaires pour la prospérité du royaume, car de très grandes dépenses peuvent cesser d'être excessives par l'augmentation des revenus ; mais il ne faut pas confondre les abus avec les simples dépenses, car les abus pourraient engloutir toutes les richesses de la nation et du souverain. »

Ici Quesnay condamne énergiquement *les abus*, c'est-à-dire les dépenses improductives de l'état, tout en acceptant et même en recommandant les dépenses utiles. Il manque un complément à sa pensée. Même pour les dépenses productives, l'état doit s'imposer certaines bornes, car l'argent laissé entre les mains des contribuables peut être plus productif encore, et plus les dépenses d'un état s'élèvent, plus il y a de chances pour qu'il s'y glisse des dépenses improductives. Quesnay avait sans doute voulu ménager les administrateurs de la fortune publique ; au fond, il s'engageait assez peu, car il avait d'avance limité l'impôt.

« 28. — Que l'administration des finances, soit dans la perception des impôts, soit dans les dépenses du gouvernement, n'occasionne pas de fortunes pécuniaires, qui dérobent une partie des revenus à la circulation, à la distribution et à la reproduction.

« 29. — Qu'on n'espère de ressources pour les besoins extraordinaires d'un état que de la prospérité de la nation et non du crédit des financiers, car les fortunes pécuniaires sont des richesses clandestines qui ne connaissent ni roi ni patrie.

« 30. — Que l'état évite des emprunts qui forment des rentes financières, qui le chargent de dettes dévorantes, et qui occasionnent un commerce ou trafic de finances, par l'entremise de papiers commerçables, où l'escompte augmente de plus en plus les fortunes pécuniaires stériles. »

Quesnay se donne, en terminant, pleine carrière pour blâmer l'administration financière de son temps, qui est un peu celle de tous les temps. Il écarte du trésor public ces *traitants* que la sanglante comédie de *Turcaret* venait de flétrir, et dont les fortunes scandaleuses contrastaient avec la gêne, universelle ; il repousse la désastreuse ressource des emprunts dont on avait fait un immense abus sous Louis XIV, et qui, après les banqueroutes plus ou moins déguisées de la régence, avaient reparu avec leurs funestes conséquences. Comme il arriva presque toujours en pareil cas, il manifeste sa réprobation en termes trop généraux, car l'emprunt peut, dans des cas urgens, devenir nécessaire ; mais neuf fois sur dix les emprunts publics ne présentent pas ce caractère d'extrême nécessité, et au moment où Quesnay écrivait, on en contractait pour plus d'un milliard afin de soutenir l'inutile et désastreuse guerre de sept ans. Sa protestation se justifiait d'autant plus que les emprunts comme le luxe avaient trouvé des défenseurs. Melon entre autres avait soutenu que l'état ne s'appauvrissait pas par des emprunts, et que c'était uniquement *la main droite qui prêtait à la main gauche*, à quoi, il est facile de répondre, en suivant la métaphore, que la main droite travaille et produit, tandis que la main gauche reste inactive, et qu'en vidant l'une pour remplir l'autre on ne peut manquer de se ruiner.

Voilà donc résumée en trente phrases d'un style lapidaire toute la doctrine de Quesnay : prééminence d'une autorité unique sur toute autre forme de gouvernement, mais à la condition que la nation soit parfaitement instruite des lois qu'il ne faut jamais enfreindre ; les sociétés humaines soumises par Dieu même à un ordre naturel, et cet ordre ayant pour fondement la sûreté de la propriété ; la terre exploitée par l'agriculture, unique source de la richesse, et l'industrie et le commerce n'ayant d'autre fonction que de façonner ou de transporter les matières premières qu'elle fournit ; l'agriculture donnant seule un produit *net* en sus des frais de production, et la prospérité nationale exprimée par la plus grande élévation possible de la rente du sol ; tous les impôts indirects supprimés et remplacés par un simple prélèvement de l'état sur le produit net des terres, et par ce moyen le produit total des impôts réduit de moitié ; les avances nécessaires à la culture ménagées et accrues autant que possible, et les richesses attirées ou retenues dans les campagnes ; liberté absolue de la culture, multiplication des bestiaux, établissement de grandes fermes pour la production des grains ; libre exportation des céréales et ouverture de nouveaux débouchés à l'intérieur par des chemins et des voies navigables ; plus d'efforts de la part du gouvernement pour faire baisser le prix des subsistances, et respect du *bon* prix qui favorise la production ; guerre au luxe public et privé ; liberté complète du commerce et abolition du système mercantile ; augmentation de la population par l'accroissement des subsistances et non par des encouragements directs ; plus de fermes-générales, plus de traitants, plus d'emprunts publics, plus de ces *richesses clandestines qui ne commissent ni roi ni patrie*. À part la théorie du pouvoir absolu, la définition trop exclusive du produit net et l'impôt unique sur le sol, ce programme est encore excellent, et les parties défectueuses sont plutôt des exagérations que des erreurs radicales.

Outre ses *Maximes*, Quesnay a très peu écrit. On lui attribue plusieurs articles publiés dans les journaux du temps sous le pseudonyme de *Nisaque*, anagramme de son nom, et qui ne contiennent que des développements et des répétitions. Le meilleur de ces opuscules est intitulé *du Droit naturel*. On y trouve la formule la plus précise de ses idées sur le gouvernement. « Il y a, dit-il, des sociétés qui sont gouvernées, les unes par une autorité monarchique, les autres par une autorité aristocratique, d'autres par une autorité démocratique, etc. ; mais ce ne sont pas ces différentes formes d'autorité qui décident de l'exercice des droits naturels des hommes réunis en société, car les lois varient beaucoup sous chacune de ces formes. Là où les lois et la puissance tutélaire n'assurent point la propriété et la sécurité, il n'y a ni gouvernement ni société profitables, il n'y a que domination et anarchie sous les apparences du gouvernement ; les lois positives et la domination y protègent et assurent les usurpations des forts et anéantissent la propriété et la liberté des faibles. La législation positive doit consister dans la déclaration des lois naturelles constitutives de l'ordre évidemment le plus avantageux pour les hommes réunis en société. Il n'y a que la connaissance de ces lois suprêmes qui puisse assurer constamment la tranquillité et la prospérité d'un empire. Plus une nation s'appliquera à cette science, plus l'ordre naturel dominera chez elle, et plus l'ordre positif sera régulier ; on ne proposerait pas dans une telle nation une loi déraisonnable, car le gouvernement et les citoyens en apercevraient aussitôt l'absurdité. » Ce passage montre bien sa véritable pensée, l'indifférence pour les formes politiques. Né dans une monarchie absolue, il acceptait le pouvoir absolu, comme il aurait accepté la forme républicaine dans une république.

Ce penseur singulier, isolé au milieu de Versailles, dans les plus mauvais temps de la monarchie, avait d'ailleurs un esprit piquant et enjoué. Petit et laid, il aimait et pratiquait l'ironie ; on l'a souvent comparé à Socrate au milieu d'Athènes. Les courtisans se moquaient de lui, et il le leur rendait, Louis XV, qui manquait moins d'esprit que de cœur, l'écoutait quelquefois avec curiosité, pour retomber bientôt dans son indolence. On cite de lui plusieurs mots caractéristiques. Pendant les disputes du clergé et du parlement, un personnage de la cour conseillait l'emploi de moyens violents : *C'est la hallebarde qui mène un royaume*, disait-il brutalement. — *Et qui mène la hallebarde* ? répondit Quesnay. *L'opinion.* Une autre fois le dauphin père de Louis XVI se plaignait devant lui des difficultés de la royauté, — *Je ne vois pas, monseigneur, que ce soit si difficile. — Que feriez-vous donc ? — Rien. — Et qui gouvernerait ? — La loi.* — D'un désintéressement admirable, il ne prit part à aucune des intrigues qui s'agitaient autour de lui ; il refusa de faire de son fils un fermier-général.

Marmontel a tracé de lui dans ses *Mémoires* un portrait qui le peint parfaitement. « Quesnay, logé bien à l'étroit dans l'entre-sol de Mme de Pompadour, ne s'occupait du matin au soir que d'économie politique et rurale. Il croyait en avoir réduit le système en calculs et en axiomes d'une évidence irrésistible, et comme il formait une école, il voulait bien se donner la peine de m'expliquer sa nouvelle doctrine pour faire de moi un prosélyte. J'appliquais tout mon entendement à concevoir ces vérités qu'il me donnait pour évidentes, et je n'y voyais que du vague et de l'obscurité. Lui faire croire que j'entendais ce qu'en effet je n'entendais pas était au-dessus de mes forces ; mais je l'écoutais avec une patiente docilité, et je lui laissais l'espérance de m'éclaircir enfin et de m'inculquer sa doctrine. Je faisais plus ; j'applaudissais à son travail ; que je trouvais en effet estimable, car il tendait à rendre l'agriculture recommandable dans un pays où elle était trop dédaignée, et à tourner vers cette étude une foule de bons esprits. Tandis que les orages se formaient et se dissipaient au-dessus de l'entre-sol de Quesnay, il griffonnait ses calculs et ses axiomes d'économie rustique, aussi tranquille, aussi indifférent à ces mouvements de la cour que s'il eût été à cent lieues de distance. Là-bas on délibérait de la paix, de la guerre, du choix des généraux, du renvoi des ministres, et nous dans l'entre-sol nous raisonnions d'agriculture, nous calculions le produit net, ou quelquefois nous dînions gaiement avec Diderot, d'Alembert, Duclos, Helvétius, Turgot, Buffon ; et Mme de Pompadour ne pouvant pas engager cette troupe de philosophes à descendre dans son salon, venait elle-même les voir à table et causer avec eux. »

Les *Souvenirs* de Mme du Hausset, femme, de chambre de Mme de Pompadour, sont pleins d'anecdotes sur Quesnay, qu'elle voyait tous les jours ; elle lui trouvait un *air de singe*, et un tour original dans tout ce qu'il disait, qui l'amusait fort. « On m'a dit, ajoute-t-elle, que M. Quesnay était fort instruit de certaines choses qui ont rapport aux finances e)t qu'il était un grand économiste, mais je ne sais pas trop ce que c'est ; ce qui est certain, c'est qu'il avait beaucoup d'esprit, qu'il était fort gai et fort plaisant, et très habile médecin. » Voici deux des traits qu'elle raconte. L'intendant-général des postes apportait au roi, tous les dimanches, des extraits, des lettres qu'on avait décachetées à la poste. « Le docteur Quesnay, dit Mme du Hausset, s'est plusieurs fois devant moi mis en fureur sur cet infâme ministère, comme il l'appelait. *Je ne dînerais pas plus volontiers avec l'intendant des postes qu'avec le bourreau*, disait-il. Il faut convenir que dans l'appartement de la maîtresse du roi il est étonnant d'entendre de pareils propos, et cela a duré vingt ans sans qu'on en, ait parlé. » Une autre fois Mme de Pompadour dit à sa femme de chambre : « Savez-vous ce que m'a dit un jour Quesnay ? Je lui disais : Vous avez l'air embarrassé devant le roi, et cependant il est si bon ! — Madame, m'a-t-il répondu, je suis sorti à quarante ans de mon village, et j'ai bien peu l'expérience du monde ; lorsque je suis dans une chambre avec le roi je me dis : *Voilà un homme qui peut me faire couper la tête*, et cette idée me trouble. »

Quesnay s'était aussi occupé de métaphysique ; il avait écrit pour l'*Encyclopédie* l'article *évidence*. A la fin de ses jours, il approfondit l'étude des mathématiques, et parcourut ainsi tout le cercle des connaissances humaines. Physiologiste, philosophe, calculateur, son esprit portait à la fois l'empreinte de ces diverses études. Il vécut assez pour voir Turgot arriver au ministère, mais il n'eut pas la douleur d'assister à sa chute. Il mourut octogénaire le 16 décembre 1774 ; ses derniers moments furent admirables de calme et de sérénité.

Les disciples de Quesnay ne prenaient pas eux-mêmes le nom de *physiocrates*, ils s'appelaient et on les appelait *les économistes* ; mais ce nom a pris plus tard une signification plus générale. Les principaux furent le marquis de Mirabeau, Turgot et Dupont de Nemours ; après eux venaient l'abbé Baudeau, l'abbé Roubaud, Lemercier de La Rivière, Le Trosne, Abeille, Boncerf, etc. Tous travaillèrent avec un dévouement admirable à propager leurs idées pour le bonheur de l'humanité, et on ne peut leur reprocher que l'excès même de leur zèle, qui finit par fatiguer les contemporains. Ils avaient fondé vers la fin de 1765 un recueil périodique sous ce titre : *Éphémérides du citoyen, ou Chronique de l'esprit national*. M. de Tocqueville a fort bien remarqué que dans beaucoup d'écrits de ce temps on reconnaît déjà la langue d'une société nouvelle. Ces mots de *citoyen* et d'*esprit national*, en plein règne de Louis XV, indiquent à eux seuls une révolution commencée. Plus tard, ce recueil prit pour second titre : *Bibliothèque raisonnée des sciences morales et politiques*, appellation plus remarquable encore que la précédente. Les *Éphémérides* se publièrent tous les mois, sauf une courte suspension, de 1767 à 1776, et ne cessèrent de paraître que quand Turgot quitta les affaires. Là se succédèrent de nombreux articles sur la liberté du commerce des grains et du commerce en général, sur les conditions du développement agricole, sur l'assiette et la quotité des impôts, sur les dangers du luxe public et privé, sur les funestes effets des emprunts publics.

Celui de ces écrits qui fit le plus de bruit fut l'*Ordre naturel et essentiel des sociétés politiques*, de Lemercier de Là Rivière, que Dupont de Nemours appelle un ouvrage *sublime*. L'auteur y insiste trop sur la partie la plus contestable des idées du maître ; la théorie du gouvernement d'un seul. Il distingue bien entre ce qu'il appelle le *despotisme légal* et le *despotisme arbitraire* ; autant il vante l'un, autant il repousse l'autre ; mais qu'est-ce qu'un despotisme qui n'est pas arbitraire ? Ce n'est plus un despotisme. A propos de l'impôt unique, il s'attache à démontrer que la *puissance législatrice et exécutrice*, dont il ne fait qu'une seule puissance contrairement aux idées de Montesquieu sur la division des pouvoirs, est *co-propriétaire* de toutes les terres et a droit à ce titre, à une part du *produit net*, idée assez juste au fond, mais qui perd beaucoup à se présenter avec cette rigueur et qui répugne surtout par les conséquences qu'on peut en tirer. Quelle est la proportion de cette co-propriété ? Est-elle du quart, de la moitié, des trois quarts ? La propriété privée peut finir par disparaître en s'absorbant dans la propriété publique. À part ces excès regrettables, La Rivière s'attache avec force à l'idée principale de Quesnay, dont tout son livre est le développement ; il a pris pour épigraphe ces mots de Malebranche : *l'ordre est la loi inviolable des esprits, et rien n'est réglé s'il n'y est conforme*. Au moment où les écrits de Rousseau répandaient cette funeste doctrine, que la société repose sur des conventions que la volonté humaine a faites et qu'elle peut par conséquent défaire, l'école de Quesnay cherchait dans la nature de l'homme une base inébranlable. « Propriété, sûreté, liberté, disait La Rivière en concluant, voilà tout l'ordre social ; le droit de propriété est un arbre dont toutes les institutions sont des branches. »

On n'en finirait pas si l'on entreprenait de citer tous les écrivains de ce temps qui se rattachaient par un lien plus ou moins étroit à l'école de Quesnay. Parmi eux, il est impossible de passer sous silence Condillac et Condorcet. Le livre publié par Condillac en 1776 : *Du commerce et du gouvernement considérés relativement l'un à l'autre*, lui a été évidemment inspiré par la lecture des physiocrates. Ce traité se distingue par les mêmes qualités de style et d'analyse que ses autres écrits ; on y trouve une élégance, une précision et une clarté qui manquaient trop souvent aux économistes de profession. À son tour, Condorcet a écrit une *Vie de Turgot* où il adopte toutes les opinions du plus illustre apôtre des idées économiques, et il a pris la défense des physiocrates contre Voltaire dans les notes qu'il a mises à l'édition de Kehl. C'est de lui qu'est cette phrase caractéristique : « ceux qui ont dit les premiers que les principes de l'administration des états devaient être les mêmes dans les monarchies et dans les républiques ont été utiles aux hommes en leur apprenant que le bonheur était plus près d'eux qu'ils ne pensaient, et que ce n'est pas en bouleversant le monde, mais en l'éclairant, qu'ils peuvent espérer de trouver le bien-être et la liberté. » Condorcet lui-même aurait bien dû conformer un peu plus à ce jugement sa conduite politique.

À l'étranger, l'école physiocratique fit de nombreux prosélytes. Il suffit de nommer Beccaria et Verri en Italie, Campomanès et Jovellanos en Espagne. Plusieurs princes régnants mirent en pratique ses préceptes. Le premier de tous fut Léopold, grand-duc de Toscane, frère de la reine Marie-Antoinette. Grâce à lui, l'heureuse Toscane devint en peu d'années le modèle de l'Europe. Le margrave de Bade Charles-Frédéric, le même qui a pris plus tard le titre de grand-duc, ne se contenta pas d'augmenter par d'habiles mesures la richesse et la population de son petit état ; il voulut encore prendre place parmi les écrivains de l'école et publia en 1772, dans les *Éphémérides*, un *Abrégé des principes de l'économie politique*. L'empereur Joseph II, le roi d'Espagne Charles III, le roi de Suède Gustave III, le roi de Pologne Stanislas-Auguste, et jusqu'au roi de Naples Ferdinand, montrèrent le même penchant pour les économistes français.

Adam Smith, dont on oppose quelquefois l'autorité à celle de Quesnay, exprime au fond les mêmes opinions sur les points principaux ; il suffit, pour s'en convaincre, de lire le chapitre V du livre II de *la Richesse des nations*. D'après Smith, les capitaux peuvent recevoir quatre destinations différentes, l'agriculture, les manufactures, le commerce de gros et le commerce de détail. « Chacune de ces quatre méthodes, dit-il, est essentiellement nécessaire tant à l'existence des trois autres qu'à la commodité générale de la société, *mais aucun capital, à somme égale, ne met en activité plus de travail productif que celui du cultivateur.* Dans la culture de la terre, la nature travaille conjointement avec l'homme, et quoique son travail ne coûte aucune dépense, ce qu'il produit n'en a pas moins sa valeur. *De toutes les manières dont un capital peut être employé, c'est sans comparaison la plus avantageuse à la société.* Plus grande sera la portion de capital employée à l'agriculture, et plus grande sera la proportion de travail productif qu'il mettra en activité ; après l'agriculture, ce sera le capital employé en manufactures qui mettra en activité la plus grande quantité de travail productif et qui ajoutera la plus grande valeur au produit annuel ; le capital employé au commerce d'exportation est celui qui produit le moins d'effet. »

Qui ne reconnaît ici la doctrine de Quesnay ? On y retrouve même la théorie du *produit net* dans ce qu'elle a de trop absolu. L'écrivain anglais ne conteste que l'infécondité radicale de tout autre travail que le travail agricole, et les physiocrates y avaient eux-mêmes à peu près renoncé.

Pour mieux prouver ce qu'il avance, Adam Smith multiplie les exemples historiques. « La principale cause des progrès rapides de nos colonies d'Amérique vers la richesse et l'agrandissement, c'est que jusqu'à présent presque tous leurs capitaux ont été employés à l'agriculture. Le capital acquis à un pays par le commerce et les manufactures n'est pour lui qu'une possession précaire et incertaine tant qu'il n'y en a pas une partie réalisée dans la culture de ses terres. Un marchand n'est citoyen d'aucun pays en particulier. On ne peut pas dire qu'un capital appartienne à un pays tant qu'il n'a pas été répandu sur la surface de la terre en bâtiments et autres améliorations durables. De toutes les immenses richesses qu'on dit avoir été possédées par les villes anséatiques, il ne reste plus maintenant aucun vestige. Les calamités qui ont désolé l'Italie ont fort diminué le commerce et les manufactures des villes de la Lombardie et de la Toscane ; ces pays n'en sont pas moins encore au nombre des plus peuplés de l'Europe parce qu'ils sont des mieux cultivés. Les guerres civiles de la Flandre et le gouvernement espagnol qui leur succéda ont chassé le grand commerce des villes d'Anvers, de Gand et de Bruges, mais la Flandre continue toujours d'être une des provinces les plus riches et les plus peuplées, parce qu'elle est une des mieux cultivées. Les révolutions de la guerre et du gouvernement dessèchent les sources de la richesse qui vient du commerce, celle qui procède des progrès plus solides de l'agriculture est d'une nature beaucoup plus durable. »

Dans une autre partie de son ouvrage, Adam Smith, traitant des *systèmes d'économie, politique*, expose ce qu'il appelle le *système agricole*, par opposition au *système commercial* ; fort sévère pour le système commercial ou mercantile, il ne condamne dans le système agricole que l'exagération ; il ne parle qu'avec un véritable respect des économistes français : « ce sont, dit-il, des hommes d'un grand savoir et d'un grand mérite, leur système est noble et ingénieux, et *de tout ce qu'on a encore publié sur l'économie politique, c'est ce qui se rapproche le plus de la vérité.* » Il avait connu Quesnay et ses amis lors de son voyage à Paris, et il avait certainement puisé dans leurs écrits et dans leurs entretiens une partie de ses idées.

Sur la question de l'impôt, il se sépare plus nettement des physiocrates. Avec ce bon sens pratique qu'il tient de sa race et de son pays, il s'attache beaucoup plus à perfectionner les taxes existantes qu'à les bouleverser. Il accepte les impôts sur les objets de consommation, mais avec de grandes réserves ; ces impôts ont à ses yeux les mêmes inconvénients qu'aux yeux de Quesnay ; ils entraînent de grands frais de perception, entravent et découragent les industries, excitent à la violation de la loi et exposent les contribuables à des vexations. Ce n'est pas une raison suffisante pour les supprimer, c'en est une pour les maintenir dans de justes bornes. Suivant lui, les finances de la France étaient alors susceptibles de trois réformes principales : 1° abolir la taille et la capitation, et percevoir tout l'impôt foncier sous la forme des *vingtièmes* qui ne donnaient lieu à aucun privilège ; 2° soumettre à un régime uniforme dans toutes les parties du royaume la gabelle, les aides et les autres impôts indirects ; 3° percevoir les impôts en régie et supprimer les fermiers-généraux. C'est le plan que Necker essaya d'exécuter et qui aurait certainement réussi sans la révolution. Il valait mieux que celui des économistes, en ce qu'il était moins radical. Quant aux emprunts publics, Adam Smith partage l'opinion de Quesnay et de ses disciples ; il considère ces emprunts comme *extrêmement pernicieux*, tout en reconnaissant qu'ils peuvent être quelquefois nécessaires, et remarque que quand la dette nationale s'est une fois grossie jusqu'à un certain point, il n'y a pas d'exemple qu'elle ait été loyalement payée ; la libération du revenu public ne s'est jamais faite, dit-il, que par le moyen d'une banqueroute ouverte ou déguisée.

En France, malgré les attaques qu'on ne leur épargnait pas, les doctrines des physiocrates eurent plus de conséquences pratiques qu'on ne1 le croit communément. Pendant les trente ans écoulés de 1760 à 1789, — et qu'est-ce que trente ans dans la vie des peuples ? — elles inspirèrent de nombreuses mesures d'administration. Deux contrôleurs-généraux des finances, MM. de Fourqueux et d'Ynvau, inclinaient à les appliquer, et elles furent assez fortes pour porter Turgot au ministère. Trudaine donna sous leurs auspices cette impulsion aux travaux publics qui avait doté la France de sept mille lieues de chemins avant la révolution. Abeille et Dupont de Nemours remplirent des fonctions publiques importantes. La libre circulation des grains fut accordée et retirée à plusieurs reprises. Quelques privilèges commerciaux furent abolis. Plusieurs intendants entreprirent des réformes de détail dans leurs généralités. Les assemblées provinciales furent instituées. Ce qui profita surtout du mouvement imprimé aux esprits, ce fut la grande cliente de Quesnay, l'agriculture. La Société d'agriculture de Paris fut fondée en 1761, et de nombreuses sociétés s'établirent à son exemple dans les provinces. Le haras de Pompadour est de 1763, l'école d'Alfort de 1766. L'agriculture devint à la mode ; une foule d'écrits parurent sur des sujets champêtres, et le théâtre même, entre les mains de Sedaine et de Grétry, ne montra plus que des scènes de village. Cet *engouement rural*, comme disait Mably, porta ses fruits, Quand on compare les évaluations de Quesnay vers 1750 à celles de Lavoisier en 1790, on trouvé que, dans cet intervalle, l'agriculture avait-doublé ses produits, et la rente des terres, objet principal des sollicitudes de Quesnay, avait quadruplé.

Le mouvement de la population, qui se règle sur les subsistances, confirme ces faits. Vers 1760, la population de la France atteignait tout au plus 20 millions d'âmes, c'est ce qui résulte de tous les documents contemporains.[1] En 1790, un autre dénombrement, fait par ordre de l'assemblée nationale, en trouva

---

1 « La France n'a pas 20 millions d'habitants, d'après le dénombrement des feux, fait exactement en 1751, » dit Voltaire dans le *Dictionnaire philosophique*. Le véritable chiffre trouvé à cette époque était de 18 millions 107,000.

plus de 26. Déduction faite de la Lorraine et de la Corse, annexées depuis 1760, c'est un accroissement de plus de 5 millions en trente ans, ou 175,000 en moyenne par an, progression qui n'a été égalée depuis que de 1815 à 1846, et que nous sommes bien loin d'atteindre aujourd'hui.

Quand vint 1789, l'assemblée constituante commença par inscrire en tête de la *Déclaration des droits* cette phrase empruntée aux écrits des économistes : « Le but de toute association politique est la conservation des droits *naturels* et imprescriptibles de l'homme ; ces droits sont la liberté, la propriété, la sûreté, la résistance à l'oppression. » Dans la confusion d'idées qui régnait alors, elle ne resta pas longtemps fidèle à ce magnifique programme ; mais elle l'a promulgué, c'est son plus grand honneur. Si beaucoup de ses votes s'en éloignèrent, sous l'impulsion des passions déchaînées, d'autres y restèrent conformes, et ce sont ceux-là qui ont survécu. Elle essaya même de réaliser une des parties les plus contestées de la doctrine physiocratique en supprimant tous les impôts indirects, à l'exception des douanes. Cette expérience ne pouvait pas réussir au milieu de l'horrible désordre qui suivit. Napoléon avait besoin d'argent pour faire la guerre ; il rétablit les impôts indirects sous le nom de *droits réunis*. Faibles d'abord, ils se sont élevés peu à peu jusqu'à la somme énorme qu'ils rapportent aujourd'hui. À cet égard, les faits semblent s'éloigner, des idées de l'école, mais la science financière n'a pas encore dit son dernier mot. Plusieurs symptômes annoncent au contraire un prochain retour aux impôts directs. Les économistes réprouvaient aussi les emprunts publics et on a vu ces emprunts se multiplier sans nécessité ; faut-il en conclure qu'il ne s'arrêteront jamais ? L'avenir reste ouvert, et les parties de la doctrine économique qui ont déjà passé dans les lois et dans les mœurs permettent d'espérer que d'autres les suivront ; un jour.

ISBN : 978-1546524090

www.ingramcontent.com/pod-product-compliance
Lightning Source LLC
Chambersburg PA
CBHW072024280526
45788CB00007B/2660